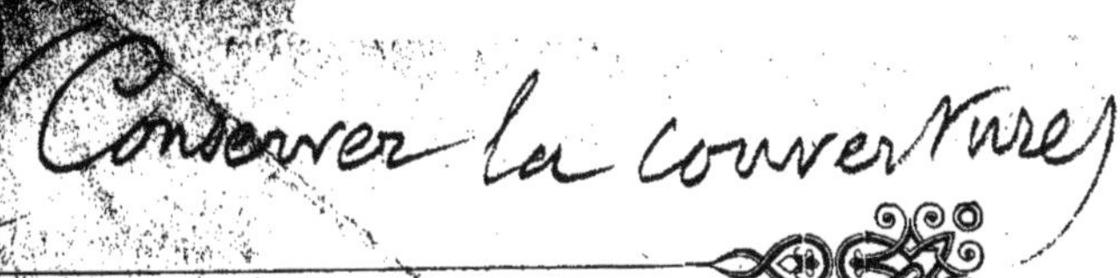

EUGÈNE COURMEAUX

VICTOR HUGO

CHALONS,
Imprimerie-Librairie LE ROY,
RUE D'ORFEUIL, 27.

1886

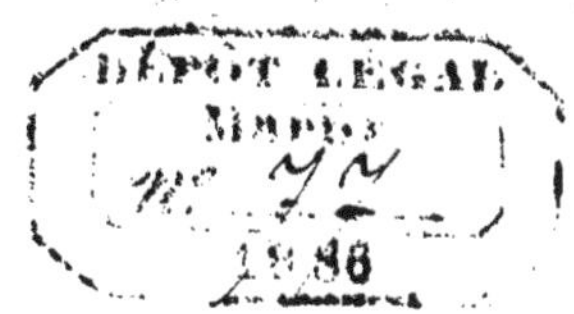

VICTOR HUGO

Le 1er juin dernier, sous un ciel d'une splendeur admirable, de 10 heures à 6 heures, une foule qu'on peut à coup sûr évaluer à deux millions d'êtres appartenant à toutes les nations, à toutes les races de l'univers, se pressait, se déployait, s'entassait depuis l'Arc de l'Etoile jusqu'au Panthéon, sur le trajet que devait parcourir un cercueil suivi d'un cortège de 100,000 âmes et en présence duquel toutes les haines se taisaient, comme toutes les admirations s'étaient donné rendez-vous.

Jamais sans doute pareil spectacle ne s'était présenté. Sur plus de trois kilomètres, les fenêtres, les balcons, les toits, le faîte des cheminées regorgeaient de spectateurs et il n'y avait pas un arbre qui ne pliât sous le poids d'énormes grappes humaines.

Quel était donc l'homme auquel la foule innombrable, muette et recueillie, rendait un si solennel et si éclatant hommage ?

Était-ce donc un roi, un empereur, un conquérant, un guerrier ? Un César, un Napoléon ? Non, c'etait un poëte ! Mais quel poëte ! Le plus grand du siècle, le créateur d'un monde, qui avait transformé, renouvelé l'ode, l'élégie, la satire, le théâtre, le roman ; qui avait, d'un souffle tout puissant, fait vibrer toutes les fibres généreuses, la pitié, l'enthousiasme, la grandeur d'âme, le sentiment de la patrie, le culte de l'humanité ; un écrivain qui avait jeté un défi au crime vainqueur, qui avait vengé la conscience humaine et relevé et consolé, et glorifié les vaincus du droit et de la justice immanente !

Le mort glorieux auquel la France et le monde entier rendaient un suprême hommage s'appelait Victor Hugo, et son nom, traversant les âges futurs, durera autant que la civilisation dont il restera un des flambeaux les plus purs et les plus lumineux.

Certes, dans son œuvre immense, indestructible, il y a des taches : car si grand que fut le poëte, il était homme, partant condamné à toutes sortes d'inégalités et d'imperfections. Mais, au demeurant, tout bien pesé, jamais poëte n'a illuminé d'un si pénétrant rayon les profondeurs de l'âme et de la nature ; jamais voix humaine n'a parcouru avec le même retentissement le clavier infini du monde intellectuel et du monde matériel. Jamais enfin peintre d'aucune école n'a réuni sur sa palette tant et de si merveilleuses couleurs.

C'est à peine si l'histoire des littératures de l'antiquité et des temps modernes peut trouver quelques géants de taille à lui être comparés, et la France s'enorgueillira toujours de le compter parmi ses plus illustres enfants. Mais ce génie puissant ne pouvait naître qu'à notre époque. Il est la résultante, le produit complexe des siècles accumulés! Pour enfanter, pour féconder ce cerveau incomparable, pour lui faire porter ses fruits, il n'a fallu rien moins que l'antiquité, le Moyen-Age, la Renaissance, le XVIIIe siècle et la Révolution. L'homme s'est assimilé tous ces éléments et chacun de ces facteurs se retrouve dans l'éblouissante floraison littéraire dont il a pendant près de 70 ans émerveillé le monde.

Victor Hugo naquit à Besançon, la *vieille ville espagnole*, le 27 février 1802.

Il avait dans les veines du sang lorrain et du sang breton.

Son père, un volontaire de la grande République, général sous l'Empire, était d'une ancienne famille anoblie au XVIe siècle. Sa mère, vendéenne, compagne de MM^{mes} de Bonchamps et de Larochejacquelein, avait dû fuir, à travers le Bocage, devant les soldats de la Convention.

Le génie du poëte porte bien la double empreinte des sentiments religieux, monarchiques, et du baptême révolutionnaire. Mais peu à peu, l'idée moderne, l'idée grandiose du progrès social sous toutes ses formes prévalut dans son esprit et lui donna l'auréole sous laquelle il est entré vivant dans l'immortalité.

Les vicissitudes, les courses errantes auxquelles son enfance fut soumise expliquent aussi le coloris incomparable de son œuvre tout entière.

Quel est, jusqu'à lui, quel est le poëte qui, bercé au son du canon et des chants patriotiques, avait pu, à 12 ans, en suivant le drapeau victorieux de la France, contempler Milan, Florence, Rome, Naples, puis Cordoue, Madrid, Burgos, Séville, l'Alhambra et tant d'autres cités légendaires? Quel enfant avait parcouru l'Italie et l'Espagne? Quel enfant avait vu son père poursuivre et capturer un brigand homérique comme Fra-Diavolo, dont le nom faisait trembler les populations? Quel enfant, au milieu d'un convoi de 1,500 fantassins, de 500 chevaux et de batteries de canons, avait, à travers des bourgs incendiés, dans une atmosphère de terreur, avec des perspectives fantastiques, terrifiantes, franchi sous le feu des guérillas, les sierras lugubres, les défilés et les plaines de l'Aragon et de la vieille Castille? Et quel éblouissement, quelles impressions profondes, ineffaçables, pareille odyssée ne dût-elle pas produire sur cette jeune et fertile imagination?

Certes, sans ces courses lointaines et pittoresques, Hugo eut été un grand poëte : mais qui pourrait dire de combien de couleurs ce panorama mouvant a enrichi sa palette?

Puis, autre influence non moins décisive : dans les entr'actes de ces pérégrinations si dramatiques, dans quel asile, dans quel nid l'enfant vînt-il se recueillir, repasser et fixer les souvenirs, les images dont il avait fait une si magnifique provision ? Dans une sorte de sanctuaire, dans l'ancien couvent des Feuillantines, au faubourg Saint-Jacques, un couvent abandonné, à l'intérieur délabré, semé de ruines envahies par les oiseaux et les fleurs sauvages :

> Le jardin était grand, profond, mystérieux,
> Fermé par de hauts murs aux regards curieux.
> ....
> Plein d'insectes vermeils qui couraient sur les pierres :
> Plein de bourdonnements et de confuses voix :
> Au milieu, presque un champ, dans le fond, presque un bois :

Ce jardin, fut, comme on l'a dit justement, l'Edem du jeune poëte, C'est là que son génie fermenta et commença à s'épanouir ; là aussi que son cœur s'ouvrit à l'amour pour l'enfant qui devait devenir sa compagne et porter son nom radieux.

Il était là, étudiant Virgile et Tacite, lorsque son précepteur, le guide de ces travaux juvéniles, un noble proscrit, le général Lahorie, compromis dans des manœuvres contre l'Empire, fut découvert, arrêté, emprisonné, jugé, comdamné et exécuté ! Qu'on juge de l'effet que cette tragique aventure dut produire sur l'esprit et le cœur de cet adolescent précoce qui plus tard a pu dire :

...... Tout rayon fait vibrer
Mon âme aux mille voix que le Dieu que j'adore
Mit au. centre de tout comme un écho sonore.

Qui sait si ce n'est pas là l'origine secrète de l'horreur sait qu'il conçut pour peine de mort ?

En 1815, lors de la seconde chûte de l'Empire, le général Hugo, qui peu de temps auparavant, avait héroïquement défendu Thionville contre l'invasion des rois alliés, plaça son fils dans une institution pour y suivre les cours préparatoires à l'Ecole polytechnique, car il le destinait à la carrière des armes. Alors le jeune homme — circonstance bien remarquable — associa dans un culte commun, les mathématiques et la poésie. Il eût été peut-être un rival, un digne successeur d'Euler, de Newton, de Laplace où d'Arago, mais la poésie prévalut. En 1827 (à 15 ans !) il s'exerce à traduire la Pharsale de Lucain et déjà il posède la plénitude et la sonorité du rhythme et cette merveilleuse richesse de la rime qui laisse si loin derrière lui tous les ouvriers en vers ou les artistes de l'ancienne et de la nouvelle école.

Cette même année, (1817) il concourut avec P. Lebrun, Casimir Delavigne, Saintine, et d'autres émules marquants, pour le prix de l'académie. La pièce qu'il présentait, se terminait par ces vers si souvent reproduits :

Moi, qui toujours fuyant les cités et les cours,
De trois lustres à peine ai vu finir le cours.

Les Immortels scandalisés crurent à une mystification. Le barde, à peine pubère, dut exhiber son acte de naissance, et l'on se crut obligé de lui décerner au moins une mention honorable, car les prix étaient arrêtés, tant l'Académie croyait avoir été bernée par un mauvais plaisant.

A 17 ans, à 18 ans, à 20 ans, il remporte trois fois le prix à la fameuse Académie des Jeux Floraux, de Toulouse, et Chateaubriand qui le proclama l'*Enfant sublime*, se déclare son parrain littéraire.

Bientôt Lamartine publiait ses premières *Méditations*, cette œuvre remarquable qui eut un si profond retentissement et qu'il n'a peut-être pas depuis très-sensiblement dépassée, au moins à de certains égards.

Ce fut comme une révélation éblouissante, un appel irrésistible pour Victor Hugo. C'était la résurrection de la grande poésie, étouffée à son berceau avec André Chénier. Une immense perspective était ouverte. L'*Enfant sublime* se jeta avec enthousiasme dans cette voie nouvelle et bientôt rejoignit, puis distança le maître puissant qui la parcourait en vainqueur. De là, plus tard, l'ode admirable qu'on peut lire dans le recueil des *Feuilles d'Automne*, adressée en juin 1830, à Lamartine lui-même, et qui commence ainsi :

> Naguère une même tourmente,
> Ami, battait nos deux esquifs,

En 1822 paraît le premier recueil des *Odes et Ballades* et le succès qu'il obtint valut à l'auteur la main de la belle Mlle Foucher qu'il adorait et qu'il put épouser en 1823. A eux deux, les jeunes mariés avaient à peine trente-cinq ans. Le ménage était pauvre, mais bientôt la curiosité qui accueillit le bizarre et saisissant roman *Han d'Islande*, répandit une modeste aisance dans le nid conjugal, qui alla se blottir dans une mystérieuse et charmante petite retraite de la rue Notre-Dame-des-Champs, laquelle fut aussi le refuge de quelques familles illustres dans les sciences, les lettres et les arts.

C'est là que se forma le premier cénacle qui fut comme la rosace prismatique de la littérature moderne, de cet Olympe romantique qui reconnut la souveraineté géniale de Victor Hugo.

Là, dans des soirées, qui mériteraient bien d'avoir leur annaliste, se rencontraient Alexandre Dumas qui rendit toujours un fervent hommage au génie de celui qui fut son initiateur, son rival et son maître, Emile et Antony Deschamps, Alfred de Vigny, Sainte-Beuve et Méry, Jules Lefèvre, Gustave Planche et le peintre Louis Boulanger, et bien d'autres littérateurs et artistes de talent supérieur qui composèrent l'incomparable pléïade intellectuelle de la France émergeant de l'abîme, après les catastrophes de 1812, 1813, 1814 et 1815 !

Ce n'était pas dans des cabarets qu'on passait alors ses soirées d'été !

Par les beaux couchers de soleil, ce petit monde d'élite s'engageait dans les sentiers touffus de Vanves, de Châtillon, de Vaugirard, et parfois on fraternisait avec un autre groupe, celui des politiques de l'opposition qui comptait parmi ses membres ceux qui devaient renverser le trône des Bourbons de la branche aînée, MM. Thiers, Mignet, et le plus noble d'entr'eux, Armand Carrel, qui tout intelligent qu'il était, est mort sans avoir rendu pleine justice à Victor Hugo, chez lequel il ne voyait qu'un démolisseur, un Attila littéraire. Nul doute, s'il eut vécu, qu'il n'eut salué en lui un grand régénérateur.

C'est à cette époque que le jeune écrivain ressentit le premier ébranlement dans les croyances monarchiques dont son enfance avait été imprégnée. Déjà il accuse l'aveuglement de la royauté. Dès-lors, nous assistons à une incessante et magnifique évolution des idées, des principes et des doctrines, ou plutôt à une ascension palpitante vers les plus hauts sommets du progrès social, de l'humanité, et de la philosophie politique, par la liberté et par la démocratie.

Sans rompre encore avec les traditions qu'il a reçues, il cherche à éclairer la marche du pouvoir et lui montre l'abîme où le conduisent les courtisans et les théoriciens du trône absolu. Mais le phare qu'il allumait n'illumina que leur défaite et leur engloutissement. Pour lui, il ne cessa de monter vers la lumière.

A Chateaubriand, son protecteur, tombé en disgrâce, il rend un hommage éclatant dans une ode magnanime qui exalte sa fière indépendance.

Puis il poursuit son insurrection littéraire. Il publie son roman de *Bug-Jargal*, composé en quinze jours alors que l'auteur n'avait que 17 ans. En 1826, un recueil recherché, *La Muse française*, promulgue la charte de l'Ecole romantique et presqu'aussitôt paraît, avec le drame touffu, complexe et grandiose de *Cromwell*, la fameuse préface où le chef de la jeune phalange développe ses conceptions et ses théories du grand art dramatique.

Ce manifeste qui eut un si vaste retentissement n'était pas, si l'on regarde au fond de la pensée de l'auteur, une attaque sacrilège, un outrage impie à la gloire consacrée de Corneille et de Racine. Ces grands maîtres de l'ancien théâtre français ont toujours eu les hommages de Victor Hugo. Mais c'était la guerre déclarée à leurs pâles imitateurs, qui en se traînant servilement sur leurs traces et en ne reproduisant que les défauts et les manies d'un système contre nature, avaient fait de la tragédie une véritable momie égyptienne. En un mot, le théâtre mourait d'anémie, de consomption. Victor Hugo et Alexandre Dumas eurent la gloire de rendre la vie à la muse dramatique.

Aux critiques amères et passionnées que souleva son *Cromwell*, qu'on accusait de prosaïsme ou de réalisme grossier, Victor Hugo répondit par son recueil des *Orientales.*

Ce fut un cri d'admiration dans le camp romantique ; ce fut, pour mieux dire, un enchantement. Ce n'est pas, il est vrai, par la profondeur des pensées que le livre se recommande. Mais jamais la langue française n'avait atteint à ce coloris ; jamais elle n'avait produit d'images aussi saisissantes, de tableaux, aussi éclatants ; jamais non plus, on n'avait entendu une si puissante harmonie. La pièce qui ouvre le recueil, *Le Feu du Ciel*, est restée dans toutes les mémoires et a marqué une date ineffaçable dans l'esprit de ceux qui ont, à son avènement, entendu l'explosion de cette poésie foudroyante (1828).

En 1829, l'enchanteur se transforme en philosophe, en moraliste, et, de la poésie réaliste, il passe à l'analyse effrayante d'une âme : il dissèque, fibre à fibre, pendant son dernier jour, le cerveau d'un condamné à mort.

Ce livre, si nouveau et si lugubre, produisit une stupéfaction presque terrifiante : il donna le frisson aux lecteurs et surtout aux lectrices. Les femmes des promais la question de la peine de mort fut portée pour la première fois devant le public et, depuis, elle est restée à l'ordre du jour parmi les légistes, les philosophes et les physiologistes.

C'est un grand résultat.

Le rénovateur s'était révélé dans la poésie et dans le roman. Il allait aborder la scène.

Le premier drame qu'il composa fut *Marion Delorme*, qui ne fut représenté qu'après la révolution de 1830. Là encore, c'était, en littérature, une œuvre révolutionnaire.

La Censure épouvantée en retarda l'apparition, et y fut aidée par l'Académie française, hostile à toute réforme. L'insurgé que douze ans plus tard elle devait recevoir, et qui força la porte en 1841, était à ses yeux un hérétique, un iconoclaste !

Vainement le poëte eut recours au roi Charles X, dont il avait chanté le sacre en 1825. Eut-il été un autre homme, le roi eût reculé devant le danger : il se mit du côté des censeurs.

Mais, croyant fermer la bouche au hardi dramaturge, il lui alloua une pension.

Victor Hugo prouva sa grandeur d'âme en la refusant. Ni Corneille, ni Racine, ni Molière, ni Voltaire lui-même n'eussent osé en faire autant. Autres temps, autres mœurs, autre sentiment de l'honneur et de la dignité. A lui seul, ce fait suffirait à montrer la longueur du chemin parcouru depuis Louis XIV et Louis XV.

Grâce au baron Taylor, alors administrateur de la Comédie française, l'auteur de *Marion Delorme* put bientôt, comme Alexandre Dumas, paraître en conquérant sur la scène nationale.

Malgré les obstacles sans nombre suscités par l'Etat-major classique, malgré la routine obstinée des plus grands artistes eux-mêmes, *Hernani* (le *Cid* du théâtre moderne), fut représenté en février ou mars 1830.

Ce fut une bataille et la victoire resta à la nouvelle école, comme, déjà un an auparavant, elle lui était restée avec l'*Henri III* d'Alexandre Dumas.

Hernani, c'était du Corneille transformé, rajeuni, approprié aux nouvelles exigences d'un art plus libre, à la fois plus naturel, plus lyrique et plus réaliste.

Les quatre personnages qui sont au premier plan, *Hernani*, *Charles-Quint*, mais surtout *Dona Sol* (la nouvelle Chimène), et *Ruy Gomez* sont des créations absolument neuves, dont le temps n'a fait que consacrer la beauté et le succès et qui dureront aussi longtemps que *Tartufe* et le *Misanthrope*, c'est-à-dire autant que notre théâtre lui-même.

Du premier élan, l'auteur atteignait à une élévation qu'il n'a pu dépasser, mais à laquelle, presque toujours, il a su se maintenir, et c'est là un trait commun à nombre de génies de premier ordre, dans la littérature, comme dans les arts, comme aussi dans l'art militaire.

> Leurs pareils à deux fois ne se font pas connaître,
> Et pour des coups d'essai veulent des coups de maître.

A partir de ce jour, le jeune vainqueur eut une véritable cour d'élèves et d'admirateurs.

Quelques mois après, Charles X tombait du trône et la révolution de 1830 ouvrait la porte à *Marion Delorme.*

Cette fois, l'action n'était plus en Espagne, mais en

France. C'était Louis XIII et, derrière lui, l'ombre terrible du grand Richelieu que le poëte évoquait aux yeux des spectateurs enhardis. A la peinture historique de cette tragique époque, il mêlait un drame intime. Il essayait de purifier, tout au moins de relever la courtisane en lui mettant au cœur un amour sincère qui l'entraîne jusqu'au sacrifice. Pour la scène française, la donnée était audacieuse et nouvelle, et l'auteur gagna encore sa cause. Jamais l'œuvre ne manquera son effet, quand elle trouvera des interprètes à la hauteur des caractères, des pensées et des situations. Mais, disons-le, de pareils drames ne sauraient s'accommoder d'une interprétation médiocre. Il leur faut de grands artistes : mais aussi parfois ils en suscitent : c'est la relation de la cause à l'effet !

A peu près en même temps que *Marion*, paraissait le livre des *Feuilles d'Automne*, l'un des plus merveilleux écrins de poésie qui aient jamais été offerts aux âmes et aux imaginations qui font à l'idéal une place dans l'existence. C'est le *Vade-Mecum*, le viatique des cœurs blessés et des esprits mélancoliques. Tantôt c'est la nature immense, tantôt c'est la pensée humaine dont le poëte fouille les profondeurs infinies,

Car, l'Océan connu, l'âme reste à sonder.

En vérité, il y a là des pages indestructibles qu'on relit toujours avec plus de charme et qu'on sait par cœur sans les avoir apprises !

En 1832, apparaît le monument qui plus qu'aucun autre encore, valut à l'écrivain une renommée universelle : *Notre-Dame de Paris.*

Notre-Dame de Paris est une résurrection du Moyen-Age en même temps qu'une réhabilitation grandiose de l'art gothique. Seul, Victor Hugo pouvait élever un semblable monument, qui donne la pleine mesure de son génie pour ainsi dire magique. Les types qu'il a créés ne mourront pas : *La Esméralda*, *Phœbus*, *Claude et Jehan Frollo*, *Quasimodo*, ont laissé et laisseront dans toutes les mémoires une empreinte ineffaçable. Tous ces personnages sont d'un airain sur lequel le temps n'aura pas de prise.

La même année que cette œuvre magistrale réveillait le culte de l'architecture gothique, si méconnue depuis trois cents ans, le poëte qui comptait déjà tant d'œuvres hors ligne donnait au Théâtre français, son drame fameux: *Le Roi s'amuse*, qui fut interdit après la première représentation.

Ce drame passionna et passionne encore pour ou contre lui, l'armée des critiques de la presse universelle.

Ces divergences se comprennent. Si les beautés de premier ordre foisonnent dans cette composition hardie, étrange, choquante même à de certains égards ; si la griffe du lion s'y retrouve à chaque pas ; si la conception, loin d'être immorale et scandaleuse comme on l'a prétendu longtemps, s'est traduite au contraire dans une fable qui porte avec elle un double enseignement irréprochable ; si, enfin, le roi François Ier y est dépeint sous de bien vilaines couleurs, dont l'exactitude ne saurait d'ailleurs être contestée que par les fétichistes aveugles de la royauté quand même, il n'en faut pas moins reconnaître que quand un poëte de l'envergure de Victor Hugo s'attaque à un personnage historique, à un roi qui a laissé un sillon, qui, en bien et en mal, a marqué dans les annales du pays, la conscience de l'artiste, du philosophe et du poëte doit imposer à l'écrivain un devoir rigoureux : c'est de ne pas le montrer seulement sous l'aspect répugnant d'un débauché sans scrupule, et d'un coureur de lupanars. Que le roi François Ier ait été un ruffian effréné, tout le monde le sait, et personne n'y contredit. Mais, il n'était pas que cela ; il a été aussi un vaillant, un restaurateur, un protecteur des beaux-arts, et des belles-lettres. Il aurait fallu le peindre aussi sous ces aspects. En l'éclairant sous une seule perspective qui inspire le mépris et le dégoût, Victor Hugo a manqué à la loi de l'impartialité ou plutôt de l'équité. C'est ainsi qu'on dénature, qu'on travestit les figures historiques et qu'à côté des légendes du fétichisme royaliste, on abrite sous le pavillon du génie littéraire des pamphlets ou des caricatures. Plus le poëte a de grandeur et plus dans ce cas, il est blâmable, plus il est responsable vis-à-vis de la postérité.

Protestant contre l'arrêté ministériel qui interdisait sa pièce, l'auteur s'adressa à la justice. Devant le tribunal de la Seine, il prononça un très-remarquable discours qui ne put prévaloir contre le parti pris de l'autorité supérieure et l'interdiction fut maintenue.

Parmi les griefs envenimés que les courtisans de la couronne exploitaient contre l'exécuteur de François Ier, on mettait en avant un vers prononcé par Triboulet dans la malédiction qu'il lance à la tête des gentilshommes, protecteurs du viol que le monarque vient de commettre sur sa fille :

Vos mères aux laquais se sont prostituées !

On voyait dans ce vers, resté fameux, une allusion criante et scandaleuse aux déportements qui avaient déshonoré quelques princesses de la lignée de la branche cadette.

Quoi qu'il en fût, l'œuvre étouffée au théâtre, mais répandue par la presse, eut un immense retentissement et la mémoire du roi chevalier, du vainqueur de Marignan, resta marquée au fer rouge par le poëte qui s'était fait bourreau.

Etait-ce rancune de sa part, ou désir d'affirmer sa puissance, de montrer aux juges et aux académies pudibondes quels jouets les rois et les reines, les papes, les prélats, les grands personnages et les grandes dames peuvent devenir entre les mains d'un Juvénal ou d'un Hugo, mais il s'attaqua deux fois de suite à des têtes couronnées et par deux fois encore il dépassa le but, en s'emparant de deux femmes qu'il a peut-être diffamées, calomniées, et dont il a fait ses victimes pour l'éternité : *Marie Tudor* et *Lucrèce Borgia.*

La fameuse Lucrèce fut-elle la femme qu'il a traînée sur la scène ? Fut-elle l'incestueuse et l'empoisonneuse de la hideuse légende ? Qui le sait au juste ! Les témoignagnes historiques se font contrepoids. Aux yeux des uns, elle est un ange ; pour les autres, elle est un démon. Où est la vérité ?

Pour l'observateur scrupuleux, il semble que son véritable crime est d'avoir été la fille et la sœur des Borgia qui l'ont enlacée dans leur exécrable réputation.

Mais si le personnage historique est resté une énigme, le drame est resté un chef-d'œuvre. *Lucrèce Borgia* fut le triomphe éclatant de la carrière dramatique du poète géant. Tout y est d'un effet saisissant et Shakespeare, cette fois, était au moins égalé, sinon dépassé. Les scènes entre le duc et sa femme, entre le fils et la mère sont parmi les plus belles de tous les temps.

La même année, en 1833, le drame de *Marie Tudor*, dont le succès fut plus disputé, marqua une nouvelle étape dans cette marche grandiose vers le Panthéon.

D'Italie, nous passons en Angleterre et des poisons aux bûchers. Marie Tudor, c'est *Marie la sanglante*, qui supplicia tant de victimes qu'elle fit horreur à l'Inquisition elle-même ! Ce fut une abominable Mégère, que cette reine qui fit couper le cou à une jeune femme de 16 ans !

Oui, Jane Grey, qui avait été portée au trône malgré elle, qui régna neuf jours et dont le meurtre ne cessa d'inspirer l'horreur, fut décapitée !

Mais cette hyène royale qui s'appelle Marie Tudor, n'était pas une femme dissolue, et notre poëte a eu le tort d'en faire une Messaline, ni plus ni moins que s'il se fût agi de l'Impératrice Catherine de Russie, ou de la reine Caroline de Naples ! Ce reproche admis, il est impossible de pousser plus loin l'angoisse, la terreur et l'émotion que dans certaines parties et dans la magnifique scène finale de cette œuvre sombre, véhémente, lugubre et pittoresque, qui reproduit, avec un relief si puissant, certains aspects terribles du XVIe siècle.

La trilogie de ces drames au coloris si éblouissant fut complétée par *Angelo* en 1834. Cette fois, nous avons le spectacle de l'intérieur domestique d'un podestat de Padoue, placé entre sa femme et sa maîtresse, éprises du même homme. La lutte de deux grandes artistes, Mlle Mars et Mme Dorval, prêta encore un merveilleux attrait au duel des deux rivales, qui tenaient alors le premier rang au théâtre. Là encore, on retrouve l'antithèse favorite de la grande dame et de la fille du peuple, mais cette fois aucune des deux n'est sacrifiée à l'autre, et cette émulation et cette égalité entre les deux rôles ne fait qu'ajouter au prestige de l'œuvre.

Peut-être de toutes les compositions dramatiques de Victor Hugo, *Ruy-Blas* fut-elle et restera-t-elle la plus populaire. Ici, la puissance déployée par l'auteur est telle qu'on oublie forcément l'invraisemblance de la donnée qui ressemble à un défi jeté à la crédulité, à la routine, aux préjugés et même au bon sens des masses ou même des aristarques les plus autorisés.

Quoi de plus inadmissible, de plus révoltant ? Un simple laquais qui devient premier ministre et l'amant de la reine d'Espagne ! Certes, la fable est difficile à accepter. Mais quoi ! Il y a dans le drame tant de passion, de charme, de poésie, tant d'éléments si heureusement groupés ; il y a des figures si originales et si vivantes, comme celle de Don Salluste, de Don Guritan et celle de l'incomparable Don César de Bazan, que le spectateur ou même le lecteur, subjugué, ébloui, fasciné, n'a plus de sens que pour admirer et applaudir à l'exécution de cette vile noblesse qui se dispute les dépouilles de l'Espagne, à la foudroyante apostrophe qu'un laquais lui lance et aux amours de ce laquais avec une reine unie à un idiot et qui, perdue dans ce désert royal, se prend à aimer l'homme de son cœur.

Pourquoi faut-il qu'ici encore, Victor Hugo ait violé la vérité historique ? La reine Marie de Neubourg, la seconde femme du triste et piteux Charles second, ne fut pas cette poétique et suave fleur de Germanie qui se dessèche sous le soleil brulant de l'Espagne.

Loin de là ! L'Allemande implantée à Madrid, ou à l'Escurial, ne fut que l'espionne de l'Autriche, une sorte de pieuvre qu'on chargeait d'épuiser la substance d'un mourant pour activer un dénouement qui, on l'espérait, pourrait réunir l'Espagne à l'Autriche, comme au temps de Charles Quint.

Mais que peuvent ces chicanes ? L'histoire a beau protester : le magicien est le plus fort. Le drame vous tient, vous saisit, vous entraîne, vous ravit et vous enchante, ou vous fait frissonner. Vous avez beau vous débattre, vous révolter, peine perdue ! Ruy-Blas vous émeut, la reine vous charme, César vous captive, et la monarchie espagnole, qui s'effrondre, vous trouble et vous oppresse.

Que de choses dans un drame comme celui-là ! Mais quand il n'y aurait que la scène des ministres vautours qui se partagent les lambeaux de l'Espagne, et l'apparition vengeresse, foudroyante de Ruy-Blas, avec la célèbre tirade : *Bon appétit, Messieurs* ! la pièce resterait hors ligne parmi les plus beaux fleurons de la scène française (1).

En 1843, Victor Hugo donna au théâtre français les *Burgraves*, sorte de légende homérique et titanesque,

(1) L'auteur de la présente notice assistait en 1838 à la première représentation de *Ruy-Blas*. Jamais il n'oubliera ni la physionomie de la salle ni les transports d'indicible enthousiasme que souleva l'acteur Frédérick Lemaître, qui semblait créé tout exprès pour le rôle du héros de la pièce. C'était le temps où une œuvre d'art passionnait, électrisait toute une génération.

qui ne dépare pas, tant s'en faut, ses sœurs aînées. C'est toujours, mais sur l'échelle presque fantastique et surhumaine, la lutte des idées et des passions, des oppresseurs et des victimes, et le souffle de l'épopée anime tous ces héros d'un âge qui, par la couleur et la perspective, confine presque à l'antiquité.

Le duc Job est presque un ancêtre biblique ; Guanhumara est une sorte d'Erynnis, la maternité vengeresse, changée en Atropos.

Dans les intervalles de ces mémorables luttes au théâtre, les recueils de poésie se succédaient, aussi splendides, aussi touffus, les uns que les autres.

En 1835, c'était les *Chants du Crépuscule ;* en 1837, les *Voix intérieures*, en 1840, les *Rayons et les Ombres.* Jamais pareils trésors de poésie n'avaient été exposés devant le public avide et émerveillé.

Le temps et l'espace nous manquent pour caractériser ces livres dont chacun contient des pièces impérissables, qui ont décuplé le clavier de la poésie nationale et qui font que, comme richesse d'expression, comme harmonie, comme couleurs et comme tableaux, la langue française, que certains accusaient d'indigence, n'a plus rien à envier à aucun des idiômes connus.

C'est vers cette époque, à la fin de 1836, que celui qui écrit ces lignes eut l'honneur d'être présenté à Victor Hugo, qu'il devait retrouver plus tard sur la terre d'exil et avec lequel il put échanger, depuis, quelques lettres qu'il conserve précieusement.

Le grand poëte habitait alors dans le quartier du Marais, sur la place Royale, une maison qui était encombrée de meubles et d'objets d'arts de la Renaissance ou du style Louis XIII. Introduit dans le cénacle de la famille par M. P. Varin, ancien censeur du Lycée de Reims et depuis doyen de la Faculté des lettres à Rennes, j'eus l'occasion d'entendre l'auteur de *Notre-Dame de Paris* exposer ses vues sur l'architecture indoue, mauresque, et sur celle du moyen âge, ses appréciations de Shakespeare et de Corneille, et certaines échappées sur la Révolution et quelques-uns de ses principaux acteurs. Là, venaient souvent écouter la parole du maître et discuter avec lui des écrivains tels que Sainte-Beuve, Gérard de Nerval, Théophile Gauthier ; des peintres tels que Scheffer, Chatillon, et tant d'autres jeunes célébrités qui formaient comme une cour au souverain de la poésie moderne.

Mme V. Hugo alors dans toute la splendeur de sa beauté, et les enfants de l'illustre ménage (notamment cette charmante jeune fille qui, quelques années après, à peine mariée, périt dans une partie de canot à Etretat), et des amis qui eurent leur part de succès et de gloire, assistaient à ces soirées intimes dont les propos et les dialogues auraient bien valu d'être recueillis et publiés.

C'est le moment où parurent la belle *Etude sur Mira-*

beau, la *Guerre aux démolisseurs*, vive attaque aux architectes officiels qui mutilaient les plus belles créations de l'art gothique, que le poète parvint à sauver ; *Claude Gueux*, un modèle d'étude psychologique et physiologique à la fois.

Bientôt après, l'Académie, forcée dans ces retranchements, dût s'ouvrir pour Victor Hugo.

La forteresse classique capitulait. Le vainqueur y fut reçu le 3 juin 1841 et M. de Salvandy répondit au dicours qu'il prononça en l'honneur de l'auteur de *Pinto*, Nép. Lemercier, son prédécesseur. Plus tard, V. Hugo lui-même, eut mission de recevoir Sainte-Beuve, qui avait été un de ses disciples et de ses émules, mais qui devint infidèle à l'ami, comme au maître.

Après la catastrophe qui lui enleva sa fille Léopoldine et son gendre Eugène Vacquerie, le grand poëte. frappé dans ses plus chères affections, resta silencieux, muet, replié sur lui-même. Mais le premier recueil de poésies qu'il mit au jour, (*les Contemplations*), renferme d'admirables vers où éclate le désespoir paternel.

Jusque-là, bien qu'attestant dans des chants héroïques d'un souffle emflammé, son amour pour la France, pour la gloire nationale et pour la Liberté, le fils du soldat républicain et de la vendéenne, n'avait pas joué de rôle militant, n'avait pas pris une part active aux luttes politiques. Le moment était venu où, par un rare privilège, le poète rénovateur allait se doubler d'un orateur éloquent et d'un apôtre des réformes sociales. Bientôt aussi, il allait devenir l'archange vengeur de la loi violée, foulée aux pieds par l'héritier de Napoléon. Cette grande destinée, qui semblait remplie, allait se transfigurer et resplendir d'une auréole nouvelle. Quelle étoile dans l'humanité que celle de cet enfant qu'à sa venue au monde la *vie semblait vouloir rayer de son livre !*

A l'heure de la Révolution de 1848, V. Hugo siégeait à la Chambre des pairs. Le lendemain de la victoire, ou du moins peu de temps après, le peuple de Paris en fait son représentant à l'Assemblée constituante.

Là, sans avoir encore rompu avec le parti dit *modéré*, il s'en sépare dans quelques circonstances significatives. C'est ainsi qu'il réclame l'abolition de la peine de mort, qu'il repousse les poursuites contre Louis Blanc et Caussidière, qu'il rejette l'ovation décernée au général Cavaignac, le sinistre vainqueur des journées de juin, et qu'il vote contre cette constitution néfaste qui, en faisant élire par le peuple égaré le président de la République, a frayé le chemin du trône et de l'Empire à l'homme du 2 décembre et de Sedan, à celui qui fut *Napoléon le Petit*.

Dès les premières fois qu'il aborde cette tribune redoutable qui fut l'écueil de tant d'écrivains, il s'y révèle orateur puissant, d'un caractère sans précédent. C'est alors qu'il prononça une douzaine de discours dont chacun est un monument dans nos annales parlementaires.

La question romaine, la question religieuse, celles de l'enseignement, de la liberté de la presse, du suffrage universel, de la révision de la constitution, d'autres encore (et toutes d'importance capitale), sont par lui traitées avec une égale supériorité dans la forme et dans les idées. Le jour viendra où ces merveilleux plaidoyers pour l'idée démocratique seront mis sous les yeux des élèves de nos Lycées, au même titre au moins que les plus belles harangues de Démosthène et de Cicéron, dont l'horizon est bien dépassé.

En même temps, il fonde des journaux qui luttent avec une extrême énergie contre la réaction triomphante.

Devant le tribunal, il défend son fils, Charles, poursuivi par le gouvernement et remporte un immense succès oratoire, qui n'empêche pas la condamnation imposée et prononcée d'avance.

Arrive le coup d'Etat du 2 décembre 1851. Le poëte se fait insurgé. Avec Baudin, cette noble victime du devoir, avec Madier-Montjau, Schœlcher et quelques autres, dont l'histoire conservera pieusement le nom, il essaie d'organiser la résistance à main armée, de soulever le peuple qui ne veut rien entendre, déprimé et décimé qu'il était par les fusillades et les transportations de 1848 et 1849. Le crime l'emporte avec Bonaparte et les vaincus cherchent un refuge en Belgique, en Suisse, en Allemagne.

C'est de Bruxelles que Victor Hugo lança au meurtrier de la République le coup de foudre qui le marqua au front pour toujours.

Qui n'a pas senti vibrer en soi la fibre de la justice et la sainte vengeance du droit en lisant les pages immortelles de *Napoléon le Petit* ?

C'est là que l'auteur a cloué au pilori les valets du bourreau, les Morny, les Maupas, les Saint-Arnaud, les Troplong, tous ceux qui ont trempé dans le viol de la loi et dans l'assassinat de ses défenseurs.

Deux fois encore, le grand justicier, le puissant vengeur, les reprit dans ses tenailles terribles, ces hommes qui ont fait reculer de deux siècles la civilisation en répandant autour d'eux la corruption, la perversité, la dépravation politique. C'est d'abord le livre des *Châtiments*, le plus effrayant supplice qu'un poëte ait jamais infligé à un usurpateur et à ses complices. Quelles pages que celles de l'*Expiation* ! Puis Juvénal se transforme en Tacite. Il écrit l'*Histoire d'un crime* qui raconte (avec quelle touche magistrale !) le *Guet-à-pens*, la *Lutte*, le *Massacre*, la *Victoire* et la *Chûte*, c'est-à-bire la catastrophe de Sedan, prédite par l'auteur des *Châtiments*.

Que dire aussi de l'œuvre qui fut un grand évènement littéraire, et qui marque une date mémorable dans l'histoire de la poésie française ? En 1859, paraît la *Légende des siècles*, tout un monde nouveau de poésie, avec des horizons immenses, depuis l'homme biblique jusqu'à nos jours !

C'est une vaste galerie où chaque siècle est représenté par quelque épisode émouvant, retracé avec les couleurs éblouissantes dont V. Hugo a le secret. Dans ces poëmes inspirés, il y a de l'Homère, du Virgile et du Dante. C'est pour l'art français une conquête inappréciable! Et dans ce trésor artistique, quel profond amour de l'humanité !

A peine ce chef-d'œuvre, venait d'exciter l'admiration générale, qu'une secousse plus vive et plus universelle ébranlait le monde de tous ceux qui lisent, qui sentent et qui pensent. C'est de l'exil encore qu'arrive l'incomparable livre, *les Misérables* ! Dans cette étude des plaies sociales depuis le premier empire jusqu'à 1848, chacun des personnages est pris sur le vif et s'incruste dans la mémoire et l'esprit du lecteur. Jean Valjean, Javert, Fantine, Cosette, sont des créations d'une originalité supérieure et leur physionomie laisse une empreinte vivante dans tous les cerveaux. Quant à la force d'analyse, elle est tout simplemenl prodigieuse ! Qu'on relise l'étonnant chapitre : *Une tempête sous un crâne* ! Veut-on des tableaux d'une fraîcheur inexprimable ? On n'a qu'à repasser l'admirable *Idyle de la rue Plumet*. Et du fond de cette fournaise sociale remuée par l'auteur, que se dégage-t-il ? La pitié, la bienveillance, la compassion pour les humbles et les deshérités, un hommage filial à la sainte humanité. Sur cet amats de misères accumulées ou sur ces gouffres, ces abîmes sans fond de haines, de colères et de révoltes, plane une haute impartialité, une intelligence sereine qui observe tout, juge tout et qui sait au besoin, comme l'a dit un critique éminent, *absoudre la cause de l'effet* !

C'est la divine tendresse qui est l'âme de ce beau livre et qui l'éclaire de ses rayons. « Il exalte la compassion « (dit encore P. de Saint-Victor) il ne fait jamais appel « à la haine, il ne divise pas, il réconcilie ; il pardonne « beaucoup, parce qu'il comprend tout. On sort de sa « lecture attristé, mais non irrité. » Et cela n'empêche pas que jamais observateur n'a porté un scalpel plus pénétrant dans la chair d'une société. Mais c'est le droit et même le devoir des grands philosophes et des grands analystes, de sonder les plaies de leur époque. Victor Hugo n'y a pas manqué.

C'est à Jersey que Victor Hugo, chassé de Bruxelles, s'était retiré. Nous tous, les exilés, les proscrits, les réfugiés, nous l'avions escorté jusqu'à Anvers et là, dans un banquet d'adieux où se retrouvaient Alexandre Dumas, Madier-Montjau, Deschanel, Charras, Michel de Bourges et bien d'autres, nous avions salué au départ, à la vue du bateau qui allait l'emporter, celui qui était à la fois pour nous la plus haute personnification du génie poétique et de la résistance à l'oppression.

Jersey était encore trop près de la France. De là, le

proscrit signe un appel aux armes qui lui valut un nouvel éloignement.

Il va porter sa tente à Guernesey et il y donne l'hospitalité aux récentes victimes de Bonaparte.

Le 15 août 1859, celui-ci décrète une amnistie à laquelle le poëte, avec Edgar Quinet, Charras, Louis Blanc et d'autres encore, répond par une protestation éclatante.

Les défenseurs de la loi amnistiés par son violateur ! Quelle ironie ! Mieux vaut l'exil perpétuel. Hugo l'accepte.

« Et s'il en reste un seul, il sera celui-là ! »

Le 8 mai 1870, un plébiscite sanctionne encore l'Empire. Nouvelle protestation de l'indomptable proscrit.

L'Empire alors penchait vers sa ruine. Il s'écroule à Sedan le 2 septembre, à Paris le 4, le jour même où l'armée prussienne entrait à Reims.

Quarante-huit heures après, l'auteur des *Châtiments* rentrait à Paris qui lui faisait une ovation ; et malgré ses 68 ans, il prenait place aux remparts pour défendre la capitale menacée et bientôt investie par l'armée de Guillaume et de Bismark.

Aux élections du 8 février 1871, Victor Hugo sort le premier de la liste avec 214,000 suffrages ! Admirable manifestation du peuple qui, au lendemain de nos désastres, saluait dans la personne du poëte le génie et la gloire de la France. !

A Bordeaux, où siégeait l'assemblée nationale, le réprésentant de Paris, repoussant une paix humiliante vota la continuation de la guerre. Révolté par l'attitude d'une majorité qui ne visait qu'à insulter la République, il se retira, comme Delescluze, comme Garibaldi.

A peu de jours de là, le jour même où Victor Hugo, qu'attendaient encore de terribles épreuves, conduisait au cimetière la dépouille de son fils Charles que la mort lui enlevait dans la force de l'âge et la plénitude du talent — le 18 mars de l'année sanglante — éclatait l'horrible guerre civile qui faillit dissoudre notre pays.

L'heure n'est pas encore propice pour éclairer et apprécier équitablement l'origine et les causes de cette affreuse catastrophe et pour faire leur part de responsabilité aux vainqueurs et aux vaincus. On sait comment se termina la lutte fratricide, par l'entrée dans Paris de l'armée de Versailles et par le massacre à jamais odieux de plus de 30,000 hommes *désarmés*, ce qui dépasse de beaucoup les plus sanglantes journées de la terreur soit à Paris, soit sur les champs de bataille de la Vendée. Que pareille abomination ait put être commise à la fin du XIXe siècle, c'est à faire prendre en pitié les théories de progrès moral et de fraternité. Le premier, un jeune écrivain de cœur et de talent, a eu le courage de déchirer le voile qui dérobait le hideux tableau des vengeances exercées par l'armée versaillaise, guidée, excitée dans son horrible boucherie par des dénonciateurs sans nombre sortant des alcôves et des salons dorés aussi bien que des bouges, des sentines et des cloaques! Qui n'a lu la *Semaine de mai* de Camille Pelletan, ne peut se faire une idée des scènes qui ont déshonoré notre malheureux pays.

A ce spectacle, le désespoir entra dans le cœur de Victor Hugo. Le malheureux poëte venait de perdre son fils et il voyait la patrie déchirée sous ses yeux, la patrie qu'après 28 ans d'exil il venait de retrouver. Il n'y tint plus ! Il fuit cette France adorée, où hurlent la haine et le désespoir, où les frères s'égorgent, où le sang coule dans les ruisseaux des rues, où la conscience est plongée dans la nuit! Il retourne en Belgique, où il est poursuivi par l'écho des fusillades et par le râle des agonisants.

Mais, fidèle à son rôle, à sa mission sublime, il élève la voix en faveur des vaincus.

Le premier, il pousse ce cri d'*Amnistie* qui ne devait pas être entendu de longtemps ! Les implacables, les furies de la réaction le dénoncèrent à la vengeance du pouvoir.

Il a tendu la main aux proscrits de la guerre civile. Il faut qu'il expie ce forfait.

Assiégé dans sa maison par une populace frénétique, il se dérobe à grand peine au danger, à la mort sans doute, et va chercher un asile en Angleterre,

Cette fois, l'exil fut de courte durée. Rentré à Paris, il est porté candidat le 7 janvier 1872, en repoussant le mandat impératif mais en acceptant le mandat contractuel qui définit et qui détermine les obligations du mandataire envers ses commettants. La réaction encore toute puissante, le fait succomber devant un M. Vautrain.

Quelques semaines après, il publie un volume de vers : l'*Année terrible*, encore un chef-d'œuvre qui restera comme une navrante élégie et comme une sublime imprécation.

Et depuis lors, combien d'œuvres encore ont grossi le faisceau incomparable avec lequel Victor Hugo se présente à la postérité !

C'est le recueil de ses discours *avant, pendant et après l'exil* ; c'est la seconde série de la *Légende des siècles* égale à la première, c'est le livre de *Quatre-vingt-treize*, qui est le panorama saisissant de la lutte décisive de la révolution avec l'ancien régime, et là, comme toujours, le poète ne diminue ni les vainqueurs ni les vaincus : de l'héroïque et sanglante épopée. Puis, c'est une série de poëmes : *l'Art d'être grand père*, le *Pape*, la *Pitié suprême*, les *Religions*, et enfin l'*Ane*, autant de professions de foi philosophiques, autant de testaments où il proclame l'indépendance et le culte de la libre-pensée, sans jamais tomber dans le dogmatisme étroit qui affirme ou qui nie, avec une égale outrecuidance ou une égale insanité !

Le 22 mai 1885, en présence de ses petits enfants,

l'homme qui a été l'une des plus grandes illustrations de notre siècle, rendait le dernier soupir dans la maison qu'il habitait depuis quelques années, dans l'avenue qui porte son nom.

Ce qu'ont été les funérailles du grand poëte, nous l'avons dit en commençant.

Sa vie glorieuse, son œuvre gigantesque, son influence si profonde sur l'esprit de notre époque, défraieront les travaux de centaines de critiques et de commentateurs !

S'agit-il de résumer en quelques lignes l'homme et l'écrivain ?

Il a renouvelé la poésie ;

Il a transformé le théâtre, ou plutôt il a créé un théâtre sans rival possible ;

Il a ouvert au roman des perspectives et des horizons nouveaux et grandioses ;

Il a inauguré une éloquence qui n'appartient qu'à lui et que personnne ne pourrait, sans danger, essayer de reproduire ou d'imiter, même de loin ;

Il a été le défenseur des droits des nations ;

Il a attaqué de front ceux que des forfaits exécrables avaient élevé sur le pavois et devant qui des millions d'êtres égarés ou pervertis se prosternaient servilement ;

Il a pris en main la cause des faibles, des déshérités, des victimes de tous les abus, de toutes les tyrannies.

Sa vie est un exemple à jamais mémorable.

Elevé au milieu des préjugés religieux, il s'est dégagé de toutes les entraves et n'a cessé de monter vers la pure lumière et la liberté.

Poëte, romancier et dramaturge de premier ordre, il ne s'est pas contenté de ce lot merveilleux : il a voulu être et il a été, comme Voltaire, le flambeau d'un siècle et l'apôtre de l'humanité.

Il n'est donné à personne d'aller plus loin et son nom est un de ceux qui surnageront toujours sur l'Océan des âges.

Personne n'a mieux jugé Victor Hugo que Louis Blanc, qui l'a précédé dans la tombe.

C'est un devoir pour nous de remettre cette page superbe sous les yeux du lecteur :

« Si grand que soit le génie de Victor Hugo, je sais « quelque chose de plus grand que son génie : c'est « l'emploi qu'il en a fait.

« Non, la postérité n'aura pas tout dit sur Victor Hugo. « Quand elle aura dit qu'il fut un poëte incomparable, « que, dans le monde des lettres, il atteignit tous les « sommets ; que, dans tous les genres, roman, drame, « ballades, poésie lyrique, poésie légère, éloquence, il « se fit au premier rang une place qui éternellement res- « tera sienne ; qu'il renouvela la langue de son pays, « en l'affranchissant de la fausse aristocratie des mots ; « qu'il fonda un art nouveau et ouvrit aux littérateurs « de son temps une voie où les mieux doués d'entr'eux

« tinrent à honneur de le suivre ; que jamais écrivain « n'eut une originalité plus saisissante, ne fut plus ter- « rible et plus doux, ne parla des enfants avec une « tendresse plus pénétrante et ne mania d'une main plus « forte les lanières de la satire ; ne vit la nature sous un « aspect plus colossal et ne la peignit sous de plus vives « couleurs ; ne plongea enfin plus avant dans les pro- « fondeurs de l'âme humaine et par le rapprochement « de l'horrible et du grâcieux, du sublime et du grotes- « que, n'en fit avec plus de relief ressortir les contras- « tes. Quand tout cela aura été dit, il y aura à raconter « ce qu'il a fait et ce ne sera pas son moindre titre à « l'admiration de la postérité.

« Est-il, en effet, une noble idée qu'il n'ait pas suivie, « une cause juste qu'il n'ait pas épousée, une grande « injustice qu'il ne se soit pas efforcé de prévenir, un « acte de cruauté contre lequel il n'ait pas élevé la « voix, un tyran qu'il n'ait pas flétri, un peuple opprimé « qu'il n'ait pas défendu? »

« Quelle vie que la sienne, même si l'on n'en prend « que les vingt années d'exil qu'on aurait pu croire de « nature à tuer en lui l'homme d'action ! »

Qu'ajouter à ces paroles si ce n'est de rappeler, en finissant, que quatre vers de Victor Hugo ont sauvé la tête d'Armand Barbès, et que son intervention a arraché à l'échafaud des condamnés à mort ?

En un mot peut-être Victor Hugo est-il le seul homme

où l'on puisse trouver réunis à proportions égales, l'immensité du cœur et l'immensité du génie.

A des géants tels que lui, la France et l'humanité peuvent dresser des statues dans leurs Panthéons.

De tels êtres dépassent de si haut le niveau ordinaire de l'espèce humaine qu'on ne peut qu'admirer en se demandant jusqu'où par exception elle peut atteindre !

Eugène COURMEAUX,

ancien bibliothécaire de Reims,
ancien député de la Marne.

*
* *

7105. — Châlons, typ. Le Roy.

Le cadre de cet article nous a obligé de passer sous silence, dans la revue des œuvres du grand poëte national, plusieurs ouvrages dont chacun fournirait matière à des analyses intéressantes.

C'est ainsi que nous avons omis les *Lettres sur le Rhin* qui renferment de merveilleuses descriptions : *Shakespeare*, *Les Quatre Vents*, *Torquemada*, *etc.*, *etc.*

Il n'y a pas un seul de ces livres qui ne soit digne de porter la signature du maître dont nous avons essayé de caractériser le génie à la fois si homogène et si multiple.

Mais, pour clore cette appréciation sommaire, nous tenons à reproduire les termes si heureux dans lesquels le Président du conseil des ministres, M. Brisson, a formulé la demande de crédit, présentée au Parlement pour faire à V. Hugo des funérailles nationales.

Le 23 août 1885, M. le Président du conseil lisait l'exposé des motifs suivants :

« MESSIEURS,

« Victor Hugo n'est plus.

« Il était entré vivant dans l'immortalité. La mort elle-même, qui grandit souvent les hommes, ne pouvait plus rien pour sa gloire.

« Son génie domina notre siècle. La France, par lui, rayonnait sur le monde. Les lettres ne sont pas seules en deuil, mais aussi la Patrie, l'Humanité et quiconque lit et pense dans l'univers entier.

« Pour nous, Français, depuis 65 ans, sa voix se mêle à notre vie morale et à notre existence nationale, à ce qu'elles ont eu de plus doux ou de plus brillant, de plus poignant et de plus haut, à l'histoire intime et à l'histoire publique de cette longue série de générations qu'il a charmées, consolées, embrasées de pitié ou d'indignation, éclairées et échauffées de sa flamme. Quelle âme, en notre temps, ne lui a été redevable et des plus nobles jouissances de l'âme et des plus fortes émotions ?

« Notre démocratie le pleure : il a chanté toutes ses grandeurs, il s'est attendri sur toutes ses misères. Les petits et les humbles chérissaient et vénéraient son nom : ils savaient que ce grand homme les portait dans son cœur.

« C'est tout un peuple qui conduira ses funérailles. »

Il n'y a rien à ajouter à cette belle page si digne du grand homme qui l'a inspirée.

E. C.

www.ingramcontent.com/pod-product-compliance
Ingram Content Group UK Ltd.
Pitfield, Milton Keynes, MK11 3LW, UK
UKHW021039180726
13838UKWH00004B/1894